CARABAL

les gosses

et en plus, c'est vrai !

DUPUIS

D.2004/0089/79
R.5/2005.
ISBN 2-8001-3441-0

Imprimé en Belgique.
www.dupuis.com

TU FAIS QUOI, PAPA ?
JE SOUHAITE LA BONNE ANNÉE AUX COPAINS !
AH LE CUCUL !
ARRÊTE, CYRIL !
VOUS NE POUVEZ PAS ALLER JOUER AILLEURS, NON !!?
C'EST PAS MOI, EST CYRIL !!
POURQUOI TU SOUHAITES UNE BONNE ANNÉE AUX COPAINS ?
PARCE QUE ON COMMENCE UNE NOUVELLE ANNÉE !
L'AUTRE, ELLE ÉTAIT ABÎMÉE ?
NON... MAIS ELLE ÉTAIT USÉE !
POURQUOI ELLE ÉTAIT USÉE, L'AUTRE, HEIN, PAPA ?!
ARRÊTE !!... COMMENT VEUX-TU QUE JE SOIS CONCENTRÉ SUR CE QUE JE FAIS SI TU ME PARLES TOUT LE TEMPS ?!
TU AS FAIT PLEIN DE CHOSES EN 85 !... TU ES ALLÉ À LA MER, À L'ÉCOLE ET PUIS LE PÈRE NOËL EST VENU !
L'ANNÉE ÉTANT BIEN REMPLIE, ON EN COMMENCE UNE AUTRE, VOILÀ !
ET ON VA FAIRE QUOI DANS LA NOUVELLE ANNÉE ?
EH BIEN !... TU VAS ALLER À L'ÉCOLE, À LA MER ET POUR FINIR LE PÈRE NOËL REVIENDRA !
PFOUUU !... TOUJOURS RECOMMENCER, C'EST FATIGANT !

CARABAL

CYRIL!
MAMAN!
ENLEVEZ VOS MAINS, LAVEZ-VOUS LES CHAUSSURES, JE VOUS PRÉPARE LE DEVOIR, ENSUITE, JE FERAI COULER LE GOÛTER ET VOUS MANGEREZ VOTRE BAIN PENDANT QUE J'IRAI COURIR!...
CYRIL! CYRIL!
MAMAN! MAMAN!
..POUR DÎNER, JE VOUS AI PRIS UN PAQUET DE JAMBON ET UNE TRANCHE DE PÂTES!...
EH, CYRIIIL!
EH, MAMAAAN!
..JE VOUS AI AUSSI ACHETÉ UNE PAIRE DE SLIPS ET UNE CHAUSSETTE À CHACUN!...
OUH, OUH! CYRIL!
MA-MAN!
ET COMME, CE SOIR, JE SORS AVEC PAPA, JE VOUS AI PRIS UNE JEUNE FILLE POUR REGARDER AVEC LA CASSETTE!
CYRIIIL!
MAAMAAAN!
QU'EST-CE QUE J'AI FAIT DE MES CLÉS?... J'AVAIS MON SAC DEDANS POUR PAYER LA JEUNE FILLE!
ARRÊTEZ DE ME PARLER TOUS LES DEUX EN MÊME TEMPS! VOUS ME FAITES PERDRE LA TÊTE!!
CARABAL

CRÊPES
TU VEUX UNE CRÊPE, PETIT ?... VOYONS D'ABORD SI TU AS LES SOUS !
AH OUAIS, Y A LE COMPTE !
BON, TU LA VEUX À QUOI, TA CRÊPE, PETIT ? À LA CONFITURE DE FRAIIIISES !?
NON !
CRÊPES
À LA CONFITURE D'ABRICOTS, ALORS ?!
NON !
AH OUI, JE SAIS !... TU LA VEUX AU MIEL ?!
NON, AU SUCRE !...
AU SUCRE ?! T'AS BIEN RAISON, LA CRÊPE AU SUCRE, C'EST CE QU'IL Y A DE MEILLEUR !
TIENS !... MOI AUSSI, C'EST COMME ÇA QUE JE LES AIME !... JUSTE AU SUCRE !
CRÊPES
ET AVEC DE LA CONFITURE !
CARABAL

MAMAN !... EST-CE QUE LES PÂTES, ÇA FAIT GRANDIR ?
ÇA FAIT SURTOUT GROSSIR !...
ET LE RIZ CANTONAIS !... EST-CE QUE ÇA FAIT GRANDIR ?
C'EST COMME LES PÂTES... ÇA FAIT SURTOUT GROSSIR !
ET LA VIANDE HACHÉE, ÇA FAIT GRANDIR ?... HEIN, MAMAN !
OUI !... SI ON L'A FAIT CUIRE SANS MATIÈRE GRASSE, SINON BONJOUR LES CALORIES !
ET LA SOUPE DE POISSON, ÇA FAIT GRANDIR ?
AH ÇA, OUI ! MAIS SANS CROÛTONS, SANS GRUYÈRE ET SANS ROUILLE !!
ET LA SOUPE DE CAROTTES ?
ALORS LÀ !... C'EST SUPER, ÇA FAIT GRANDIR SANS FAIRE GROSSIR !
ALORS, POURQUOI T'EN MANGES PAS ?
CARABAL

ALLÔ, MON P'TIT CHÉRI!... C'EST MAÂÂMIICHOU!...
KRO! KRO!
T'ES MALADE?!
OUI... JE TOUSSE ET J'AI LE NEZ QUI COULE, TU VOIS!
MAIS MON PAUVRE CHÉRI!... QU'EST-CE QU'ON T'A FAIT?!
CHAIS PAS... MÊME QUE J'AI LE FRONT BRÛLANT! TU SENS? J'DOIS AVOIR AU MOINS 48 OU 42 DE FIÈVRE!
LE DOCTEUR EST VENU, AU MOINS?
OUI, TROIS FOIS!
ALORS TU NE VAS PAS À L'ÉCOLE, MON PAUVRE PETIT CHÉRI!
SI! MÊME QUE J'AI ATTRAPÉ DES POUX, AUJOURD'HUI!
QUOI!! DES POUX?!!
EH OUI... J'EN AI PLEIN LA TÊTE!
MAMICHOU VA VENIR S'OCCUPER DE TOI, MON PAUVRE PETIT CHÉRI!... QU'EST-CE QUE JE PEUX T'APPORTER QUI TE FERAIT PLAISIR?
J'AI ENVIE DE RIEN... OU ALORS, P'T'ÊTRE UN P'TIT BATMAN...
D'ACCORD!... PASSE MOI MAMAN, MON POUSSIN!
OUAIS SUPEER!...
TIENS... C'EST TA MÈRE! ELLE A UN TRUC À TE DIRE...
CARABAL

PAPA, REGARDE !!
OUAIS SUPER !... LE DÉGUISEMENT DE COW-BOY !
JE NE SUIS PAS EN COW-BOY !.. J'SUIS EN ZORRO, REGARDE !!
BAH OUI, SUIS-JE BÊTE !... JE N'AVAIS PAS VU LE Z !
T'AS VU MON PISTOLET, PAPA ?
IL EST SUPER ! MAIS TU SAIS, ZORRO, IL A SURTOUT UNE ÉPÉE !
MAMAN !!
OUI, MON CHÉRI ?
ELLE EST OÙ, MON ÉPÉE ?
J'EN AI PAS TROUVÉ, MON CHÉRI, MAIS UN PISTOLET, C'EST MIEUX !
OUI, MAIS ZORRO, C'EST UNE ÉPÉE QU'IL A !... MÊME QUE C'EST PAPA QUI ME L'A DIT !
EUH... OUI, MAIS ÇA, C'EST LE VIEUX ZORRO !... LE NOUVEAU, IL A UN PISTOLET !
HEIN PAPA, ZORRO IL A TOUJOURS UNE ÉPÉE ?!
QUOI, LE NOUVEAU ?
NON, PAS LE NOUVEAU HEIN, CHÉRI ?
MOI, JE NE CONNAIS QU'UN ZORRO, CHÉRIE !... ET IL A UNE ÉPÉE !
AH, TU VOIS !
CARABAL

POURQUOI TU SOUPIRES, PAPA ?
PARCE QUE JE REMPLIS MA FEUILLE D'IMPÔTS !
C'EST QUOI ?
JE DOIS MARQUER TOUS LES SOUS QUE JE GAGNE POUR EN DONNER UNE PARTIE POUR CONSTRUIRE DES AUTOROUTES PAYANTES, DES ÉCOLES NULLES ET ENTRETENIR UN SERVICE PUBLIC DÉFAILLANT !
C'EST TOI QUI PAIES TOUT ÇA, PAPA !?
NON, HEUREUSEMENT !! TOUT LE MONDE DONNE UN PEU DE CE QU'IL GAGNE !
UN PEU, C'EST PAS BEAUCOUP !
QUAND IL FAUT PAYER, ÇA FAIT BEAUCOUP, CROIS-MOI !... ET QUAND JE VOIS CE QU'IL ME RESTE, ÇA FAIT CARRÉMENT TROP !!
T'ES COMME CYRIL...
COMMENT ÇA, JE SUIS COMME TON FRÈRE ?!
BAH OUI, TU RÂLES QUAND TU FAIS TES DEVOIRS !
CARABAL

BON... COMMENT APPELLE-T-ON LES ANIMAUX QUI NE MANGENT QUE DE LA VIANDE ?
EUH !...
ARRÊTE DE JOUER AVEC CET ÉLASTIQUE !... ÇA M'AGACE !!!
MAIS JE JOUE PAS !
ALORS... COMMENT ON LES APPELLE ?...
QUI ?
LES BESTIOLES QUI NE BOUFFENT QUE DE LA BARBAQUE ! TU SAIS OU TU SAIS PAS ?!
MAIS SI. MAIS ATTENDS...
CARNIVORES !... C'EST FACILE, CYRIL ! CARNE QUI VEUT DIRE VIANDE ET VORE QUI VIENT DU LATIN VORUS QUI VEUT DIRE MANGER !
AH OUI...
ET LES ANIMAUX QUI NE MANGENT QUE DE L'HERBE, CE SONT DES.... ?
EUH !...
HERRR !...
...BIVORES !
ET LES ANIMALS QUI MANGENT DE TOUT, CYRIL, C'EST DES.... ? DES ?...
TOUTIVORES !... C'EST FACILE, CYRIL !
CARABAL

ET TOI, PETIT, TU AIMES AUSSI LE SPORT COMME TON PAPI ?
NON, COMME CYRIL !
DU RUGBY, COMME TON FRÈRE, ÇA C'EST BIEN !... ÇA FAIT DE BONS GARS !
ET TU SERAS QUOI, TOI !... UN FUTUR BLANCO OU UN FUTUR ONDARTS ?
COMME CYRIL !
BON ! ALORS !.. QU'EST-CE QU'IL PRÉFÈRE, TON CYRIL ?!
ET TU FERAS QUOI, COMME SPORT, QUAND TU SERAS UN PEU PLUS GRAND, HEIN ?!
COMME CYRIL !
C'EST UN SPORT D'HOMME, UN SPORT VIRIL MAIS UN SPORT DE GENTLEMAN !.. UN VRAI SPORT D'ÉQUIPE, C'EST ÇA QUI PLAÎT AUX GAMINS !
QU'EST-CE QUE TU PRÉFÈRES, LA MÊLÉE, PLAQUER, BUTER OU COURIR COMME UN LAPIN AVEC LE BALLON ?
COMME CYRIL !
LE GROS SANDWICH APRÈS LA DOUCHE AVEC LES COPAINS !
CARABAL

LES PÂTES DE MONSIEUR SONT AVANCÉES!
C'EST QUOI, ÇA?
BÈÈÈ, J'AIME PAS!
DU FROMAGE FONDU...
VOILÀ, Y EN A PLUS!
FAUT SOUFFLER, C'EST TROP CHAUD!
BON! CETTE FOIS-CI, C'EST BON?
ÇA GLISSE!
ÉVIDEMMENT, J'AI MIS DU BEURRE! IL FAUT LES ENROULER, COMME ÇA!
J'Y ARRIVE PAS!
BON!... UNE FOIS COUPÉES, ELLES NE GLISSERONT PLUS!
QUOI! QU'EST-CE QUI NE VA PAS ENCORE?!
FAAA...LLAIT PAS LES COUUU...PER!
MAMAN LES RECOLLE!!
NOOON... OOON PEUT PAAAS LES REE...COLLER!
MON DIEU QU'AI-JE FAIT POUR AVOIR UN GOSSE PAREIL!?
NE PLEURE PLUS! EN VOILÀ DES NON COUPÉES, PAS CHAUDES ET SANS FROMAGE!
ÇA TE VA!!! ELLES SONT ASSEZ COLLANTES?
OUI... TU PEUX ME LES COUPER S'IL TE PLAÎT, MAMAN?!
CARABAL

ON DIT LES PAPAS BEAUX ET LES MAMANS BELLES, HEIN, PAPA ?
HMM
APRÈS 2 C'EST 3, HEIN, PAPA ?
HMM !
ON DIT UN CHEVAL ET DES CHEVAUX, HEIN, PAPA ?
HMM !!
ON NE DIT PAS HMM... ON DIT OUI, HEIN, PAPA ?
OUI ! OUI ! T'AS RAISON ! MAIS J'ÉCOUTE LE MONSIEUR QUI PARLE !!
ON DIT LE MONSIEUR ! FAUT PAS DIRE LE MEC, HEIN, PAPA ?!
HEIN, PAPA, QU'IL NE FAUT PAS DIRE LE MEC ?!
OUI ! MAIS S'IL TE PLAÎT, LAISSE-MOI ÉCOUTER LES INFOS !!
ON DIT LES INFORMATIONS...
ET VOILÀ ! C'EST FINIIIIII...
ET MAINTENANT, UNE CASSETTE !
HEIN, PAPA, APRÈS LES INFOS, JE PEUX METTRE UNE CASSETTE ?!
CARABAL

T'AS VU LE PETIT MINOU, COMME IL EST MIGNON!
JE SAIS, J'L'AI D'JÀ VU!
ET LÀ, SUR CELLE-CI, TOUTES LES VIEILLES VOITURES!
ALLEZ MAMAN!... ON S'EN VA!
UNE SECONDE, ON VIENT JUSTE D'ARRIVER!
JE SAIS!
MAMAN, J'AI SOIF!
OUI, TOUT À L'HEURE, VIENS VOIR LA BELLE PHOTO!
MAIS JE L'AI D'JÀ VUE, J'TE DIS!
MAMAN, J'AI FAIM.
ARRETE DE TIRER SUR MON MANTEAU!
REGARDE PLUTÔT COMMENT LES PETITES FILLES ÉTAIENT HABILLÉES!
JE SAIS... MAIS MOI, J'SUIS FATIGUÉ!..
ET LÀ!... LES PETITS GARÇONS À L'ÉCOLE!
JE SAIS... MAIS C'EST QUAND QUE TU M'ACHÈTES MON P'TIT JOUET, MAMAN?
ÇA, TU VOIS! C'EST LES TRAINS QUAND J'ÉTAIS PETITE!
JE SAIS...
ARRÊTE DE DIRE JE SAIS!... T'ÉTAIS MÊME PAS NÉ!!
JE SAIS, TU M'L'AS D'JÀ DIT!
MOI, JE SAIS TOUT DANS LA VIE... ALLEZ, AVANCE!
CARABAL

REGARDEZ, LES ENFANTS!! DES BIQUETTES!
OÙ?
LÀ...
OÙ LÀ?!
LÀ, MA PUCE!
C'EST TROP TARD, ELLES SONT PARTIES!
PAPA, ELLES SONT OÙ, LES BICYCLETTES?
NOON... DES BIQUETTES! T'INQUIÈTE PAS, ON VA EN VOIR D'AUTRES!
REGARDEZ À GAUCHE, LES ENFANTS!! UN CHEVREUIL!
C'EST OÙ À GAUCHE, PAPA?
MAIS LÀ!! DU CÔTÉ DE TON FRÈRE!
AH OUI... IL EST OÙ LE FAUTEUIL?
OUAH!... IL EST BEAU...
CHEVREUIL, MA PUCE!... REGARDE BIEN, TU VAS EN VOIR D'AUTRES! À LA MONTAGNE, ON VOIT MÊME, PARFOIS, DES AIGLES!
CHERI!! À DROITE, Y A DES POULETS!!
ZUT!! CEUX-LÀ, JE NE LES AI PAS VUS!
OÙ?
T'INQUIÈTE PAS, PAPA, ON VA EN VOIR D'AUTRES!
CARABAL

MOON PAPAAA!... VIENS-ME... CHER... CHER!
JE SENS QUE JE VAIS CRAQUER!
MOOON PAPAA!... MON PAA-PAAA!
ALORS! QU'EST-CE QUE TU FOUS? ÇA FAIT UNE HEURE QUE JE T'ATTENDS!!
PFFFF!... QUOI! QU'EST-CE QUE J'AI DIT, ENCORE?!
C'EST QUAND MÊME PAS SORCIER D'AMENER LA PUCE AU JARDIN DES NEIGES!!
JE VEUX... PAS... ALLER À... LA... GAR... DE... RIIIE!
MAIS C'EST PAS UNE GARDERIE, MA PUCE, C'EST SUPER: Y A PLEIN DE COPAINS ET ON FAIT DE LA LUGE!...
J'AIME PAS LA... LUGE!
MAIS SI C'EST SUPER!... ET PUIS JE T'ACHÈTERAI UN PETIT JOUET!
NOOON!... JE VEUX... PAS ALLER À... LA GAR... DERIIIE!
MAIS C'EST PAS UNE GARDERIE! C'EST LE JARDIN DES NEIGES!!
SIIIIIII!
ALORS!... TU AS TOUT ESSAYÉ ET IL NE VEUT TOUJOURS PAS Y ALLER?
NOOOON... ABSOLUMENT PAS! SIMPLEMENT, JE TROUVE DÉBILE, QUAND ON EST EN VACANCES, DE METTRE SON GOSSE À LA GARDERIE!
C'EST PAS UNE GARDERIE, PAPA!... C'EST LE JARDIN DES NEIGES.
CARABAL

QUÉ TEMPS DE COÔCHON !
C'EST QUOI, UN TEMPS DE COCHON, MAMAN ?
C'T'UNE VIEILLE EXPRESSION D'LA CAMPAGNE, P'TIT GARS, QU'ON DIT QUAND I PLEUT COMME VACHE QUI PISSE... ON DIT, AUSSI, UN TEMPS DE CHIEN !
BAH, C'EST QU'À LA FERME, P'TIT GARS, QUAND I PLEUT, Y A QUE LE CÔCHON ET LE CHIEN QU'SONT DEHORS, TIENS !
ON DIT, AUSSI, SE LEVER COMME LES POULES, A' C'QUE CE SONT LES PREMIÈRES DEBOUT !... AVOIR UNE FAIM DE LOUP, A' C'QUE C'EST LE PLUS AFFAMÉ !
UN FROID DE CANARD A' C'QUE C'EST LE MOINS FRILEUX, COURIR COMME UN LAPIN, A' C'QUE C'EST LE PLUS RAPIDE, UN VENT À DÉCORNER LES BOEUFS A' C'QUE CE SONT LES PLUS COSTAUDS !
MAMAN ! C'EST QUOI, UN TEMPS DE COCHON ?
CARABAL

AUJOURD'HUI, ON EST DEMAIN !
NON, AUJOURD'HUI C'EST AUJOURD'HUI ET DEMAIN, C'EST DEMAIN !
HIER, TU AS DIT QUE DEMAIN, ON IRAIT AU CIRQUE !
OUI, ET C'EST AUJOURD'HUI !
ALORS POURQUOI TU DIS QU'AUJOURD'HUI C'EST PAS DEMAIN ?
EUH... PARCE QU'ON EST AUJOURD'HUI ! HIER, J'AI DIT DEMAIN PARCE QU'ON ÉTAIT HIER.
DONC... POUR PARLER D'AUJOURD'HUI, IL FALLAIT QUE JE DISE DEMAIN ! SI HIER, J'AVAIS DIT AUJOURD'HUI, C'EST HIER QUE NOUS SERIONS ALLÉS AU CIRQUE ET NON AUJOURD'HUI ! TU COMPRENDS ?
BOUOUUH !... T'AVAIS DIT QU'ON IRAIT AU CIRQUE DEMAIN !!
ATTENDS, NE PLEURE PAS, ON Y VA AUJOURD'HUI !
NOOON !!.. JE VEUX Y ALLER DEMAIN... T'ES PAS GENTIL, PAAPA !...
MAIS AUJOURD'HUI C'EST MIEUX, C'EST MAINTENANT !
MAINTENANT, TOUT DE SUITE !?
OUI ! ENFIN, TOUT À L'HEURE !
BOUOUH !.. NOOON, JE VEUX Y ALLER TOUT DE SUITE !... AUJOURD'HUI ON EST DEMAIN !!
CARABAL

TIENS, MAMAN !
OOOH DU MUGUET !.. QUE C'EST MIGNON, MON CHÉRI !
T'SAIS !.... C'EST MOI QUI L'AI CHOISI TOUT SEUL !
MMMH !... IL SENT TRÈS BON !
T'SAIS !.... C'EST MOI QUI L'AI ACHETÉ TOUT SEUL !
C'EST VRAI ?... COMME UN GRAND, C'EST SUPER !
ET T'SAIS !... C'EST MOI QUI L'AI PAYÉ AVEC MES PIÈCES D'ARGENT À MOI !
JE SUIS FIÈRE DE TOI, MA PUCE !...
VIENS LÀ, QUE JE TE FASSE UN GROS BISOU !
MAIS J'TE PRÉVIENS, C'ÉTAIT VACHEMENT CHER, CINQUANTE MILLE CINQ, J'CROIS !
TU SAIS, ON NE DOIT JAMAIS DIRE LE PRIX, QUAND ON OFFRE QUELQUE CHOSE !
POURQUOI ?
MAIS PARCE QUE CE N'EST PAS POLI, MA PUCE !
ALORS, COMMENT TU VAS FAIRE POUR ME REMBOURSER ?
CARABAL

EH, CYRIL! CYRIL!
LES GARÇONS!! VOUS ÊTES DANS LE BAIN?
OUI, MAMAN!
EH, CYRIL! CYRIL!
LAVEZ-VOUS BIEN PARTOUT!!
OUI, MAMAN!
HIHIHIHI...
QUOI?! VOUS N'ÊTES PAS ENCORE DANS VOTRE BAIN? VOUS VOULEZ QUE JE HURLE?!! ET QU'EST-CE QUE C'EST QUE CE SOUK?
C'EST PAS MOI, C'EST CYRIL!
NON, C'EST ROMAIN!
JE NE VEUX PAS LE SAVOIR!.. ÇA SUFFIT, MAINTENANT! LAVEZ-VOUS!!
OUI, MAMAN!
MAIS PAS LES CHEVEUX, HEIN, MAMAN?
ARRÊTE, CYRIL! C'EST PAS DRÔLE...
CALMEZ-VOUS!!
OUI, MAMAN!
HIHIHIHOH HIHIHI!
EH CYRIL! CYRIL!
JE VOUS PRÉVIENS, SI VOUS N'ARRÊTEZ PAS TOUT DE SUITE, JE VOUS ENVOIE VOTRE PÈRE!!
ON EST EN TRAIN DE SE LAVER, MAMAN!
BON... MAINTENANT, C'EST MOI! ALORS, ATTENTION! JE NE VOUS LE DIRAI PAS DEUX FOIS!! CALMEZ-VOUS ET LAVEZ-VOUS!!! COMPRIS?
OUI, MAMAN!
HIHIHIHIHIHI...
CARABAL

T'ÉTAIS OÙ, MAMAN ?
CHEZ LE COIFFEUR ! ÇA SE VOIT...
FAIS VOIR !... AH, T'ES BELLE !...
NON, J'SUIS AFFREUSE !
IL M'A COMPLÈTEMENT LOUPÉE !.. ON DIRAIT UNE MÉMÉ !
NON ! ELLES NE SONT PAS COMME ÇA, LES MÉMÉS, J'T'ASSURE, HEIN ?
AH OUI... ET ELLES SONT COMMENT ?
C'EST TOUT PLAT DESSUS ET TOUT BLANC !
T'ES ALLÉE CHEZ LE COIFFEUR, MAMAN ?!
OUI, POURQUOI !! ÇA SE VOIT ENCORE ?!
EUH !... NON.
T'ÉTAIS OÙ, CHÉRIE ?
CHEZ LE COIFFEUR !!
MAIS ÇA NE SE VOIT PLUS !
CARABAL

IL ÉTAIT CONTENT, LE TINTIN À SA MAMAN !...
C'ÉTAIT LA FÊ-FÊTE AUJOURD'HUI !
IL AVAIT SA MAMIE-TÉTÉ !...
ET SA MAMIE-CHOUCHOU !...
ET SA TATA-NINI !...
ET SA TATA-TITINE !...
ET SURTOUT SON COUCOU-RORO !... L'AVAIT TOUTE SA FAFA-MIMILLE !
BAH OUI, C'ÉTAIT LA FÊ-FÊTE DES MÈ-MÈRES !!
CARABAL

ATTENTION, LES ENFANTS !... LÀ, ON EST AU RESTAURANT... ON SE TIENT BIEN, ON EST SAGES ET ON NE FAIT PAS DE CAPRICE ! D'ACCORD ?
OUI, OUI !
OUI, OUI !
HEIN, PAPA, C'EST COMME ÇA QU'IL FAUT SE TENIR !?
OUI, MA PUCE, C'EST TRÈS BIEN !
ON NE JOUE PAS AVEC SON COUTEAU !
J'AI FAIM !
HEIN, PAPA, AVEC LE COUTEAU, ON PEUT SE COUPER !?
ABSOLUMENT, C'EST FAIT QUE POUR COUPER LA VIANDE !
NE MANGE PAS TOUT CE PAIN, TU VAS TE COUPER L'APPÉTIT !
MAIS J'AI FAIM !
HEIN, PAPA, LE PAIN, ÇA FAIT GROSSIR !?
EXACTEMENT, ET APRÈS ON DEVIENT ÉNORME... COMME LE MONSIEUR, À CÔTÉ.
IL EST OÙ, LE MONSIEUR ÉNORME ?
CHUUUT !.. PAS SI FORT ! ET SOYEZ SAGES, JE REVIENS TOUT DE SUITE.
TU VAS OÙ ?
AUX TOILETTES... JE NE VAIS PAS LE CRIER SUR LES TOITS !
HEIN, PAPA, QUAND ON VA FAIRE PIPI OU CACA, IL NE FAUT PAS LE DIRE !?
CARABAL

MAMAN, T'AS VU LA DÉPANNEUSE GROSSE?
ON NE DIT PAS LA DÉPANNEUSE GROSSE MAIS LA GROSSE DÉPANNEUSE, MON CHÉRI!
ELLE FAIT QUOI, MAMAN, LA BLANCHE DÉPANNEUSE?
NON, LÀ, C'EST L'INVERSE, MON CHÉRI!.. ON DIT UNE DÉPANNEUSE BLANCHE!
MAMAN!...
TU SAIS, DANS LA VIE, C'EST TRÈS IMPORTANT DE SAVOIR BIEN PARLER!
MAMAN!...
ET POUR BIEN PARLER, IL FAUT BIEN RANGER LES MOTS!
T'AS VU?... C'EST LA MÊME QUE LA VOITURE DE NOUS!!
NON, MA PUCE, ON NE DIT PAS LA VOITURE DE NOUS MAIS NOTRE VOITURE!
HÉ, MAIS C'EST MA VOITURE!... RENDEZ-MOI MA VOITURE!!...
LA GROSSE DÉPANNEUSE BLANCHE, ELLE L'EMPORTE OÙ, LA VOITURE DE TOI?
ON NE DIT PAS LA VOITURE DE TOI!!
BAH OUI!... ELLE EST À PAPA... ALORS, ON DIT LA VOITURE DE LUI!
CARABAL

BONNE FÊTE, PAPA !
OOOH, QUE C'EST MIGNON !
SUPEER ... REGARDE, CHÉRIE, UN CENDRIER !
C'EST PAS UN CENDRIER !
BIEN SÛR, TU L'AS PRIS À L'ENVERS, CHÉRI, C'EST UN DESSOUS DE PLAT !
MAIS OUI !
MAIS NON
ÇA Y EST, J'Y SUIS !... Y A MARQUÉ PAPA, C'EST UN BOL POUR LE PETIT DÉJEUNER !
NON, C'EST PAS ÇA !!
UNE SOUCOUPE VOLANTE ?
NON, ATTENDS !... LAISSE-MOI RÉFLÉCHIR ... UN CAMEMBERT COULANT, UNE ASSIETTE DE PURÉE !...
C'EST UN PRESSE-PAPIERS !!
MAIS OUI, BIEN SÛR, C'EST ÉVIDENT ! N'EST-CE PAS, CHÉRIE !?
J'ALLAIS LE DIRE...
C'EST TRÈS JOLI !...
ET IL A FAIT ÇA TOUT SEUL, HEIN, MA PUCE !?
LES COULEURS, MAIS PAS LA FORME !
AH BAH, VOILÀ !... C'EST POUR ÇA QU'ON NE TROUVAIT PAS !...
C'EST LA MAÎTRÈÈÈSSE !...
CARABAL

COMMENT TU ME TROUVES, COMME ÇA ?
BIEN...
OUI, TU T'EN FOUS, QUOI !
NON,, MAIS T'AS VU L'HEURE ?!
ÉCOUTE, PLUS TU ME PRESSES, PLUS ÇA ME RETARDE !
BON... J'VAIS ATTENDRE DANS LA VOITURE !
PFFF !.. J'SUIS MONSTRUEUSE, COMME ÇA !
BON, VOILÀ !... J'SUIS PRÊTE !!
T'ES BÉÉÉLLE, MAMAN !
MERCI, MES CHÉRIS !
ON LUI DIT TOUJOURS ÇA, QUAND ELLE SORT !...
BAH OUI, ÇA LUI FAIT PLAISIR !
CARABAL

ALLEZ! EN ROUTE POUR LES GRANDES VACANCES!!
PAPA, ON EST BIENTÔT ARRIVÉS?
TU RIGOLES! ON VIENT JUSTE DE PARTIR, TU PEUX DORMIR!
LES BONBONS, ÇA FAIT MAL AUX DENTS, HEIN MAMAN?!
DISONS QU'IL NE FAUT PAS EN MANGER DE TROP!...
CYRIL, IL EN A PRIS 5!... HEIN, MAMAN, 5 C'EST TROP!
BON! ARRÊTEZ DE VOUS BOURRER DE BONBONS, VOUS ALLEZ VOMIR!
PAPA, C'EST QUAND QU'ON ARRIVE?
DANS LONGTEMPS!... TU FERAIS MIEUX DE FAIRE UN PETIT DODO...
HEIN, MAMAN, QUE LES CORBEAUX, C'EST PLUS GROS QUE LES CHATS?
NON, QUAND MÊME PAS!
MAMAN, J'AI SOIF!
C'EST PAS ÉTONNANT, À FORCE DE MANGER DES BONBONS!
PAPA, C'EST QUAND QU'ON ARRIVE?
PAS MAINTENANT!... DORS, ÇA PASSERA PLUS VITE!
MAMAN, J'AI ENVIE DE FAIRE PIPI!
ÉVIDEMMENT À FORCE DE BOIRE, ÇA DEVAIT ARRIVER!
PAPA, C'EST QUAND QU'ON ARRIVE?
BIENTÔT! MAIS DORS!!
L'AVION, ÇA VA PLUS VITE QUE LA VOITURE, HEIN, MAMAN!?
MAIS QUAND VA-T-IL SE TAIIIRE!...
ÇA Y EST, IL S'ENDORT!
NON! PAS MAINTENANT, ON ARRIVE!!
ROMAIN, MA PUCE, NE T'ENDORS PAS, ON EST ARRIVÉS...
ON EST MAL! ON EST MAL!...
... IL NE VA JAMAIS VOULOIR DIRE BONJOUR À TA MÈRE!
RRROOOOO
CARABAL

ATTENDS, MA PUCE, IL FAUT EN METTRE BIEN PARTOUT !
POURQUOI ?
PARCE QUE, SINON, LÀ OÙ Y EN A PAS, TU RISQUES D'ATTRAPER UN COUP DE SOLEIL !
ÇA FAIT MAL !?
OUI, TRÈS MAL !... TELLEMENT MAL QUE ÇA EMPÊCHE DE DORMIR !
ET APRÈS, ÇA RÉVEILLE LES MAMANS... C'EST POUR ÇA QU'ON MET D'LA CRÈME !
NON, MA PUCE... C'EST POUR QUE ÇA N'ABÎME PAS LA PEAU... D'AILLEURS, TU VOIS, MOI AUSSI, J'EN METS !
POURQUOI TU NE METS PAS LA MÊME QUE MOI ?
PARCE QUE LA TIENNE, C'EST UN ÉCRAN TOTAL POUR BIEN TE PROTÉGER !
LA TIENNE, ELLE NE PROTÈGE PAS ?
SI, MAIS MOINS POUR BRONZER !... ET PUIS J'AI LA PEAU MOINS FRAGILE QUE LA TIENNE !
BAH OUI... LA MIENNE ELLE EST TOUTE NEUVE, ALORS QUE LA TIENNE, ELLE EST D'JÀ VIEILLE !
CARABAL

OAOUH !... T'AS VU, PAPA, COMME ELLE ÉTAIT BELLE, CELLE-LÀ !
OAOUH !... LA ROUGE !
OAOUH !... ELLE EST BELLE, LA BLEUE !
OAOUH !... LA JAUNE !
REGARDE, PAPA ! C'EST VACHEMENT TRÈS BEAU !
OAOUH ! LA VERTE !
T'AS VU CELLE-LÀ !... DE TOUTES LES COULEURS ELLE ÉTAIT !!
OAOUH ! C'EST BEAU... Y EN A PARTOUT !
C'EST LE BOUQUET !
C'EST QUOI LE BOUQUET ?...
ÇA VEUT DIRE QUE C'EST FINI...
DÉJÀ !?
C'EST PAS TROP TÔT, TU VEUX DIRE !
ALLEZ, MAINTENANT, ON VA PRENDRE UN P'TIT POT !
NON, ON VA SE COUCHER !!
T'INQUIÈTE, PAPA, J'SUIS PAS FATIGUÉ !...
CARABAL

PAPA!.. POURQUOI LES COUSINS, C'EST NOS COUSINS?
DE L'EAU QUI PIQUE!
ALORS LEUR PÈRE, C'EST-À-DIRE TON ONCLE!.. TIENS TON VERRE DROIT!
PAPA, J'VEUX UNE CUILLÈRE BLANCHE!
C'EST AUSSI MON FRÈRE!.. DONC TES COUSINS ,,, QU'EST-CE QUE JE CHERCHE, MOI?
UNE CUILLÈRE BLANCHE, PAPA!
...SONT MES NEVEUX!.. TIENS, TA CUILLÈRE!
C'EST POUR ROMAIN!
C'EST QUOI, ÇA?
DU COLIN!... ET COMME LEUR PÈRE, C'EST MON FRÈRE...
J'AIME PAS LE COLIN!
C'EST TRÈS BON, TU VAS Y GOÛTER... TON ONCLE ET MOI AVONS LES MÊMES PARENTS!
Y A PLEIN D'ARÊTES!
MAIS NON, JE LES ENLÈVE!... CE QUI FAIT QUE VOS COUSINS ET VOUS, AVEZ LES MÊMES COLINS!
PAPA, POURQUOI TU NE VEUX PAS QU'ON AIT LA TÉLÉ DANS LA CUISINE?
PARCE QU'AVEC LA TÉLÉ, ON PEUT PLUS DISCUTER! HEIN PAPA?
CARABAL

DEMAIN, C'EST L'É...
...COLE !
TU VAS RETROUVER TES CO...
...PAINS !
Y A GRÉ...
...GOIRE !
NICO...
...LAS !
ET POU...
...POUILLE !
ET PUIS TU VAS AVOIR UNE NOUVELLE MAÎ...
...SON !
NON... MAÎTRESSE ! MA PUCE.
AH OUI !
QUI VA T'APPRENDRE À É...
...CRIRE !
ÇA VA ÊTRE SU...
...PER !...
TU VAS ENFIN ÊTRE TRAN...
...QUILLE !
CARABAL

LES ENFANTS! C'EST L'HEURE DE SE LEVER!
LES VACANCES SONT FINIES, DÉPÊCHEZ-VOUS!
IL FAUT ALLER À L'ÉCOLE VOIR LES COPAIIINS!...
MAMAN!.. LA PUCE NE VEUT PAS SE LEVER!
IL VEUT QUE TU VIENNES L'HABILLER!
ALLEZ, DEBOUT, MA PUCE D'AMOUR!
ENLÈVE TON PYJAMA!
METS TON TEE-SHIRT!
FAIS UN EFFORT! AIDE-MOI! ON EST À LA BOURRE!
METS TON SHORT!
NON! J'VEUX UN JEAN!
BON! JE N'AI PAS LE TEMPS DE ME BAGARRER, ALORS METS TON JEAN SALE ET TANT PIS POUR TOI SI T'AS TROP CHAUD!
HEIN, COMME ÇA JE SUIS BEAU, MAMAN
NON! TU AURAIS ÉTÉ MIEUX AVEC TON SHORT!
MAMAN ELLE A DIT QUE J'ÉTAIS PAS BEAUUU!
T'AURAIS PU ÉVITER DE LUI DIRE ÇA!
TAKA T'EN OCCUPER, TU VERRAS!
NE-VOUS É-NER-VEZ PAS!...
APRÈS, ON VA ENCORE ÊTRE EN RETARD,
CARABAL

JE CAUCHEMARDE! J'HALLUCINE!!
QUOI?
TU NE PEUX PAS BIEN ATTAQUER LA RENTRÉE AVEC UN TEL BAZAR!
C'EST MÊME PAS MOI QUI L'AI FAIT!
JE NE VEUX PAS LE SAVOIR!... RANGE TA CHAMBRE!
ALORS, PAS TOUT SEUL!
JE VEUX BIEN T'AIDER MAIS C'EST TOI QUI RANGES!
MAIIIS OUI!
LES PETITES VOITURES DANS LE BAC BLEU!
NON, NON!... DONNE, ELLES FONT LA QUEUE LEU LEU SUR LE TAPIS.
BON ALORS, J'Y METS TOUS TES BONSHOMMES!
NON, LES BATMANS, TU LES METS SUR MON BUREAU.
BON! ET LES GROSSES VOITURES, JE PEUX?!
NON, NON! LES BATMOBILES, C'EST SOUS LE LIT, C'EST LEUR GARAGE!
AH NON!! UNE CHAMBRE BIEN RANGÉE EST UNE CHAMBRE OÙ RIEN NE TRAÎNE! ALLEZ HOP!
FAIS GAFFE!... Y A AUSSI DES BISOUS QUI TRAÎNENT POUR TOI, ICI!
CARABAL

MAMAN ?!
OUI !...
MA... MAN !
OUI, J'ARRIVE !
MÂÂÂ... MAAN !...
OUI, OUI ! J'ARRIVEU !
POC !
MAAMAN, MA-MAN MA-MAN MAMAAAN !...
OUAIS !! J'A-RRI-VEU !
QUOI...! QU'EST-CE QUE TU VEUX ?!..
T'ES BELLE, MAMAN !
CARABAL

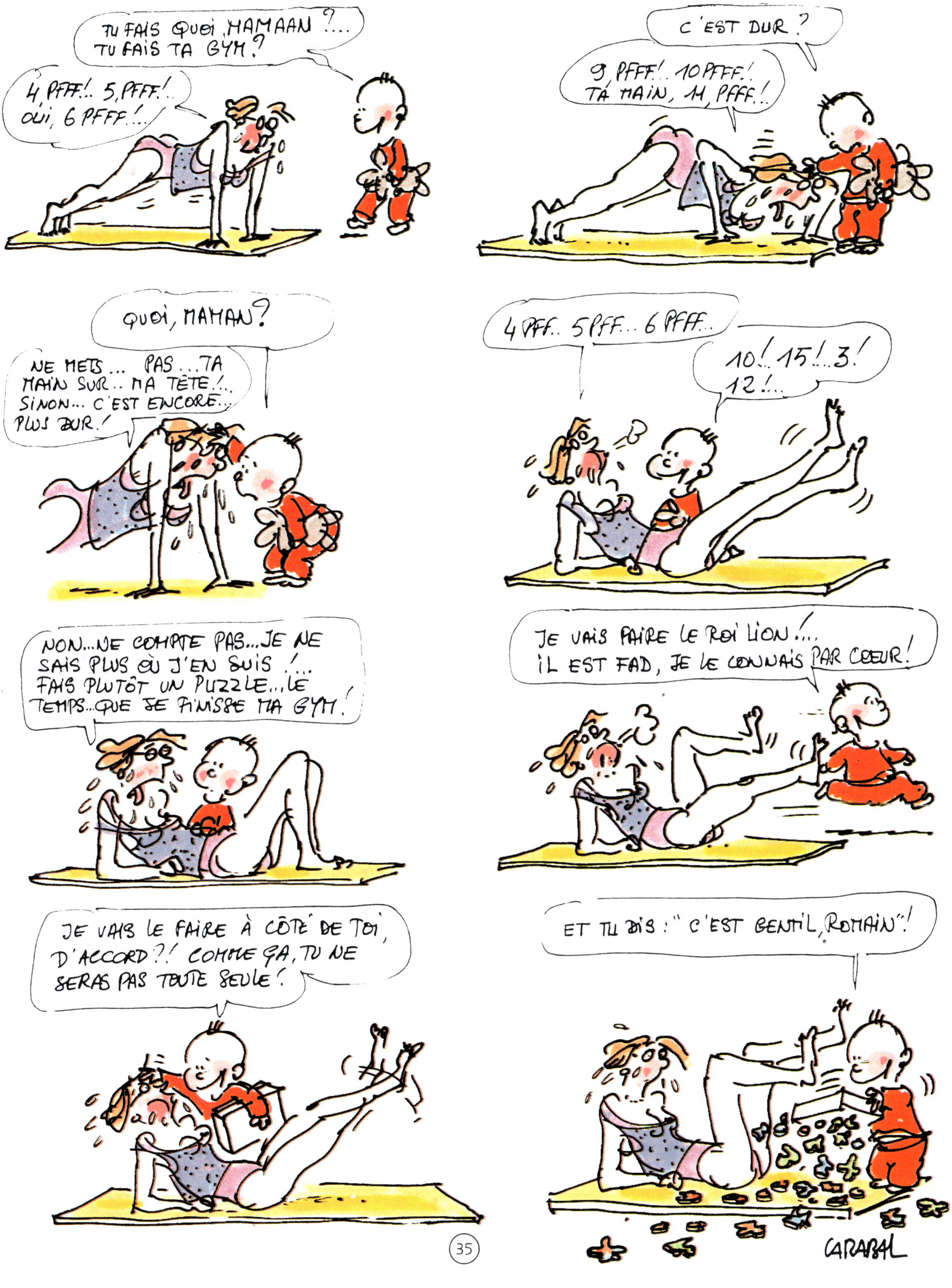
TU FAIS QUOI, MAMAAN ?... TU FAIS TA GYM ?
4 PFFF !.. 5, PFFF !.. OUI, 6 PFFF !..
C'EST DUR ?
9 PFFF !.. 10 PFFF !.. TA MAIN, 11, PFFF !..
QUOI, MAMAN ?
NE METS ... PAS ... TA MAIN SUR .. MA TÊTE !... SINON... C'EST ENCORE... PLUS DUR !
4 PFF.. 5 PFF... 6 PFFF...
10 !.. 15 !.. 3 ! 12 !...
NON... NE COMPTE PAS... JE NE SAIS PLUS OÙ J'EN SUIS !... FAIS PLUTÔT UN PUZZLE... LE TEMPS... QUE JE FINISSE MA GYM !
JE VAIS FAIRE LE ROI LION !... IL EST FAD, JE LE CONNAIS PAR COEUR !
JE VAIS LE FAIRE À CÔTÉ DE TOI, D'ACCORD ?! COMME ÇA, TU NE SERAS PAS TOUTE SEULE !
ET TU DIS : " C'EST GENTIL, ROMAIN " !
CARABAL

PAPA, POURQUOI LES FEUILLES, ELLES TOMBENT?
PARCE QU'ELLES SONT MORTES, MA PUCE!
APRÈS, ELLES MONTENT AU CIEL?
NON... CE NE SONT PAS DES HUMAINS!
IL N'Y A QUE LES PAPIS ET MAMIES VIEILLES QUI MONTENT AU CIEL?
NON, PAS SEULEMENT!... TOUS LES HUMAINS ET TOUS LES ANIMAUX MONTENT AU CIEL QUAND ILS MEURENT!
MÊME LES POISSONS ROUGES?
BIEN SÛR, TOUS!... SAUF LES MÉCHANTS!
EH OUI... ILS NE PEUVENT PAS, ILS SONT EN PRISON!
CARABAL

TU FAIS QUOI, PAPA ?
TU VOIS, JE BOUCHE LA FENTE !
POURQUOI TU BOUCHES LA FENTE ?
POUR QUE L'EAU NE RENTRE PAS !
C'EST QUOI, GAAA ... ?
NE METS PAS LA MAIN DEDANS !! C'EST DU CIMENT !
C'EST QUOI, DU CIMENT ?
C'EST UN MÉLANGE QUI DURCIT EN SÉCHANT.
POURQUOI TU TOURNES ?
POUR QUE CE SOIT HOMOGÈNE !
ÇA VEUT DIRE QUOI, HOMOGÈNE ?
QUAND TU METS DU SUCRE DANS TON YAOURT, TU TOURNES POUR QU'IL Y EN AIT PARTOUT... C'EST ÇA, HOMOGÈNE !
T'AS MIS DU SUCRE DEDANS ?!
MAIS NON !!
T'AS MIS QUOI DEDANS... PAPA ?
POURQUOI TU NE VAS PAS JOUER AVEC TES BATMANS OU BIEN REGARDER UNE CASSETTE ?!!
NON, JE PRÉFÈRE AIDER MON PETIT PAPA CHÉRI !
CARABAL

ECOLE
MAMAN !.. T'SAIS CE QU'IL A FAIT, GRÉGOIRE ?
NON, MA PUCE !
J'ÉTAIS AVEC HÉLÈNE ET LE PETIT BENJAMIN DANS LES ARBRES ET LE GRAND SUR LE TRAIN !...
LA MAÎTRESSE VOUS LAISSE MONTER DANS LES ARBRES
MAIS NON, ON ÉTAIT DANS DEUX CACHETTES ET T'SAIS, À UN MOMENT, IL A DONNÉ UN COUP DE PIED, CHAIS P'US COMMENT I S'APPELLE, T'SAIS, IL EST DANS LA CLASSE DE MOI !
EUH... NICOLAS ?
MAIS NOOON !.. ON AVAIT ROULÉ DANS L'HERBE, TU TE RECONNAIS, C'ÉTAIT TROP BIEN !.. MAIS Y A PLUS LE TOBOGGAN, ALORS C'EST PLUS TRÈS BIEN MAIS JE M'AI PAS FAIT MAL !
MAIS ALORS, POURQUOI GRÉGOIRE T'A DONNÉ UN COUP DE PIED ?!
MAIS NOOON !... IL M'A PAS DONNÉ UN COUP DE PIED, ON ÉTAIT DANS LE SABLE... CHAIS PAS POURQUOI IL A FAIT ÇA ! IL AVAIT P'T-ÊTRE MAL AU VENTRE !!
EN FAIT, IL A VOULU TE DONNER UN COUP DE PIED MAIS IL N'A PAS RÉUSSI, C'EST ÇA ?!
PFFOUUU !... TU COMPRENDS RIEN !
CARABAL

MINCE!... QU'EST-CE QUE J'AI FAIT DE MON BILLET ?
AH, LE VOILÀ !
MOI AUSSI JE VEUX UN BILLET !
MOI AUSSI !
VOUS N'EN AVEZ PAS BESOIN, VOUS POUVEZ PASSER SOUS LA BARRIÈRE !
VOIIILÀ ! BRAVOOO ! C'EST TRÈS BIEN.
SI LE MONSIEUR AVEC LA CASQUETTE VOUS DEMANDE VOTRE ÂGE, VOUS LUI DITES QUE VOUS AVEZ 3 ANS !
NON, NOUS ON A 4 ANS !!
CARABAL

MAMAN!
OUI?
FEMME ACTUELLE
C'EST QUAND QU'IL VIENT, LE PÈRE NOËL?
DANS UN MOIS, À PEU PRÈS!
FEMME ACTUELLE
ÇA FAIT COMBIEN DE JOURS, 1 MOIS?
30 JOURS, EN GROS!
COMME ÇA?
NON PLUS!... ÇA C'EST 4!
COMME ÇA?
NON, BEAUCOUP PLUS!... ÇA, C'EST 5, MA PUCE!
ALORS, ÇA FAIT COMMENT?!
ÇA FAIT 3 FOIS ÇA!
HEIN!... TOUT ÇA?!
OUI... MAIS TU VAS VOIR, ÇA PASSE VITE!
ON VOIT BIEN QUE C'EST PAS TOI QUI L'ATTENDS!
CARABAL

PAPA, C'EST QUOI ÇA?
UN NOUNOURS!
ET ÇA, C'EST QUOI?
TU VOIS BIEN, C'EST UN PETIT CHIEN!
ET CELUI-LÀ, C'EST QUOI?
ENFIN, MA PUCE, C'EST UNE SOURIS!
ET LÀ-HAUT, PAPA, C'EST QUOI?
TU FAIS EXPRÈS OU QUOI!... TU NE VOIS PAS QUE C'EST UN PETIT CHAT? TU AS LE MÊME À LA MAISON!!
AH OUI!
C'EST PAS ÉVIDENT, POUR EUX, DE RECONNAÎTRE DES ANIMAUX FAMILIERS DÉGUISÉS EN PÈRE NOËL!
PAPA, LE PÈRE NOËL, IL T'A DIT QUOI?
CARABAL

ELLES SONT BELLES, LES ROUGES !.. TOI, C'EST LESQUELLES QUE TU PRÉFÈRES ?
MOI, C'EST LES BLEUES !
ATTENDS, JE VAIS T'EN TROUVER UNE !
FAIS ATTENTION DE NE PAS LES CASSER !
MAIS... OUIIII... T'INQUIÈTE !
JE LA METS OÙ ?... LÀ ?
EUH !... PLUS HAUT !
LÀ ?
NON, PLUS À DROITE !
COMME ÇA !
NON, PLUS À GAUCHE !
ÉH BÉ !... TU FAIS EXPRÈS ?
VOUIIIII !...
AH.. TU ME FAIS MARCHER !.. ATTENDS UN PEU, TU VAS VOIR !
HIHIHIHIHI !... NON PAS DES GUILIIIIS !
ALLEZ !... FAIS-MOI UN BIZOU, CRAPULE !
JE T'AIME, TOI !
C'EST NORMAL !... JE SUIS UN AMOUUUR !
CARABAL

OH, REGARDE ... ! C'EST SUPER, Y A UN NUMÉRO DE TÉLÉPHONE POUR APPELER LE PÈRE NOËL !
JE SAIS ! ... J'L'AI D'JÀ FAIT AVEC MAMAN !
ON PEUT LE REFAIRE SI TU VEUX ?!
NON, NON !
MOI, J'AIMERAIS BIEN SAVOIR CE QU'IL DIT, CE PÈRE NOËL !
BAH... TAKA L'APPELER, TIENS !
OUI MAIS... JE CROIS QU'IL NE RÉPOND QU'AUX ENFANTS !
NON ! MÊME PAS ! IL PARLE TOUT LE TEMPS, MÊME QUAND TU LUI PARLES ! IL N'ÉCOUTE PAS !
TU SAIS, IL EST TRÈS, TRÈS, TRÈS VIEUX, LE PÈRE NOËL, ALORS IL EST SOURD ! C'EST POUR ÇA QU'IL NE T'ENTEND PAS QUAND TU LUI PARLES !
ET IL N'Y VOIT RIEN, AUSSI ! ... PARCE QUE J'AI JAMAIS TOUS LES JOUETS QUE JE DEMANDE !
CARABAL

J'ME LES GÈLE, MOI !
TU TE GÈLES QUOI, PAPA ?
LES PIEDS !
POURQUOI TU TE GÈLES LES PIEDS, PAPA ?
PARCE QUE, DEHORS, IL FAIT UN FROID DE CANARD, MA PUCE !
C'EST QUOI, UN FROID DE CANARD ?
C'EST UNE EXPRESSION QU'ON EMPLOIE QUAND ON VEUT DIRE QU'IL FAIT TRÈS FROID !
C'EST QUOI, UNE EXPRESSION ?
C'EST REMPLACER UN MOT PAR UN AUTRE POUR MIEUX SE FAIRE COMPRENDRE... ENFIN EN THÉORIE !
ÇA VEUT DIRE QUOI, EN THÉORIE ?
ÇA VEUT DIRE QU'IL FAIT TROP FROID POUR FAIRE DU VÉLO DEHORS !
CARABAL

QUEL BAZAR !!
C'EST TA VOITURE TOUTE NEUVE, ÇA ?!
OÙ ?
LÀ ! C'EST LA VOITURE QUE LE PÈRE NOËL T'A APPORTÉE ?!
OUI... T'AS VU DANS QUEL ÉTAT ELLE EST ?
QU'EST-CE QUE TU AS FAIT AVEC ?! TU AS TAPÉ DESSUS AVEC UN MARTEAU ?
NON... ELLE ÉTAIT DÉJÀ COMME ÇA.
ON SAIT PAS !... PEUT-ÊTRE QUE C'EST LE PÈRE NOËL QUI L'A FAITE TOMBER DE LA CHEMINÉE QUAND IL ME L'A APPORTÉE !
IL A SÛREMENT PAS FAIT EXPRÈS !... ALORS FAUDRA PAS LE GRONDER, HEIN MAMAN ?
CARABAL

COMMENT JE FAIS, LÀ ?!
KRO. KRO!
JE M'ARRACHE LES CHEVEUX TOUT DE SUITE OU JE ME TAPE LA TÊTE CONTRE LE MUR AVANT ?
ATCHAÂÂ!
ÉCOUTE, MA COCOTTE, DIS AU GRAND CHEF À PLUMES QU'IL NE COMPTE PAS SUR MOI POUR LA RÉUNION!
PROUUU!
TA MAIN DEVANT LA BOUCHE!
KRO! KRO!
OUI! OUI! D'ACCORD! BON, SI JE COMPRENDS BIEN, TU NE PEUX PAS ME LE GARDER.
ATCHAÂÂ!
DÉSOLÉE, MA COCOTTE, MAIS IL A UNE FIÈVRE DE CHEVAL!
PROUUU!
DEUXIÈME NUIT BLANCHE, TU VAS ME FAIRE PÉTER LES PLOMBS!
KRO. KRO! KRO. KRO!
TROISIÈME JOUR SOUS ANTIBIOTIQUE!... JE COMPRENDS QUE LA SÉCU SOIT EN DÉFICIT!
ATCHAÂÂÂ!
T'EN FAIS PAS, MA COCOTTE, IL EST SUR LA VOIE DE LA GUÉRISON!
PROUUU!
KRO. KRO! KRO-KRO!
ALLÔ, BÉBÉ!... JE SUIS LA DAME QUI TRAVAILLE AVEC MAMAN!
ATCHAÂÂ!
TU ME PASSES TA MAMAN, MON PITCHOUN ?
PROUUUUU!... C'EST BOI!
SI C'EST TA COCOTTE, TU LUI DIS QUE JE SUIS GUÉRI, HEIN MAMAN!
CARABAL

ARRÊTEZ DE BOUFFER CES AMUSE-GUEULES, IL NE VA PLUS EN RESTER POUR LES INVITÉS!
J'EN PRENDS ENCORE UN ET J'ARRÊTE!
MOI AUSSI!
BON! ON EST BIEN D'ACCORD!... VOUS PRENEZ L'APÉRO AVEC NOUS ET APRÈS, AU LIT, SANS HISTOIRE!
OUI, OUI!
VOUS NE FAITES PAS LES FOUS ET VOUS NE VOUS DISPUTEZ PAS!...
MAIS NON!
VOUS NE SAUTEZ PAS SUR LES CANAPÉS, VOUS NE PASSEZ PAS DEVANT LES INVITÉS, VOUS DITES BONJOUR ET AU REVOIR!... D'ACCORD?!
MAIS OUIIIIII!... ON T'A DIT!!
DRIIIINNG!
TIENS, LES VOILÀ!
C'EST MOI QUI VAIS LEUR OUVRIR!!
NOOOON... C'EST MOIIII!!
CARABAL